# A corazón abierto

# A corazón abierto

Adely Alcalá Estévez

EDICIONES
Aguere

·E·D·I·C·I·O·N·E·S·
IDEA

Colección dirigida por: Ánghel Morales García
Directora de arte: Marina Zambrana

*A corazón abierto*

Primera edición: 2025
© De la edición:
Ediciones Idea, 2025
Ediciones Aguere, 2025
© Del texto:
Adely Alcalá Estévez

Ediciones Idea
• San Clemente, 35
38002, Santa Cruz de Tenerife.
Tel.: 922 532 150
Fax: 922 286 062

• León y Castillo, 39 - 4º B
35003 Las Palmas de Gran Canaria
Tel.: 928 373637 - 928 381827
Fax: 928 382196
correo@edicionesidea.com
www.edicionesidea.com

Ediciones Aguere
• Tribulaciones, 23
38001, Santa Cruz de Tenerife.
Tel.: 922 288 724 / 676 863 442
nacioncanaria@hotmail.es

Fotomecánica e impresión: Gráficas Tenerife, S.A.
Impreso en España - *Printed in Spain*
ISBN: 978-84-10272-71-2
Depósito Legal: TF 720-2025

*A mi niña del alma por siempre*

*Tu esplendor, tu luz, tu vida… Fue regalándote
esas alas que cual libélula te sirvieron para
iniciar el vuelo hacia otro mundo, hacia otra
nueva experiencia, otro camino, otra dimensión…
Que algún día recorreré contigo*

*Buen viaje hija mía, veo la estela de tus alas que
desde hoy guían mi vida hacia el amor y la luz…*

*Carmen Linares Alcalá, 1975-2025.
Hasta siempre*

# CARMEN

Me quedé viendo una rosa
en su dulce despertar,
iba abriendo uno a uno
sus pétalos sin parar,
cada pétalo que abría
era bello, así sin más
y después ya todos juntos
de belleza sin igual.
Su rojo profundo fuerte,
su perfume, su brillar
no hay quien no diga al mirarla
no se puede pedir más,
Lo tiene todo, es perfecta,
es lo más bello que habrá,
¡Lástima que tiene espinas
que a veces..., hacen sangrar!

24-11-1993

# MADRE I

Si te explicara qué siento
no lo sabrías entender
sólo una madre comprende
lo que se siente al querer
¡a un hijo, un trozo tuyo
a la raíz de tu ser!
Lo ves pequeño por siempre
indefenso, sin saber.
Te gustaría protegerlo,
que no sufriera, ¿por qué?
Si es tu niño, es tu pequeño
es tu ternura, tu bien
Si alguien le hiciera daño
le arrancarías la piel.
Pues aunque fuera muy malo
tú le amarías también
y desearías protegerlo
para siempre y sin saber
qué más da lo que sufrieras,
lo que lloraras, ¿por qué?
Un hijo es algo sagrado
el amor que dios ha dado

a las madres conocer
un amor sin condiciones,
sin preguntas, sin..., porqués.
Por eso mujer ser madre
aunque lágrimas te de
también te dio
lo más grande
que es el amor conocer.

24-11-1993

# Mirada

Un sueño, una ilusión,
una meta inalcanzable,
un por qué, una desazón,
una lagrima en mis labios,
un niño, una bella flor,
un deseo de ser tuya,
un anhelo de pasión,
cuando sentí tu mirada,
dentro de mi corazón.

3-10-1994

# BÚSQUEDA

Cuando estés triste y cansado
como me encuentro ahora yo
suspira muy fuerte
y busca en ti la razón.
Relájate, ve tu imagen
y entra en tu interior.
Explora todo tu cuerpo
y pon rumbo al corazón
empieza a levantar capas
y descubre la razón
no decaigas, no te rindas,
sigue firme con tesón
que el que busca siempre encuentra
¡Así nos lo dice Dios!
Y... Si tú trabajas mucho
desarrollando el amor
deshojando hoja a hoja
el loto en tu corazón
descubrirás lo más bello

lo más dulce, lo que tiene más valor
a Dios dentro de ti misma
y la paz en tu interior.

5-10-1994

# LA UNIÓN

Padre Dios de las alturas,
de todo animal viviente,
de los árboles, las aguas,
la luna, el sol, la simiente.
Padre divino amoroso,
tú que piensas siempre en mi
protégeme con tu manto
de perlas, oro, rubíes,
haz que nunca te defraude,
que sea fiel siempre a ti,
que no juzgue nunca a nadie,
que brinde mi amor por ti,
que ayude siempre en tu nombre,
que haya paz dentro de mí,
que mis hermanos me quieran
como yo te quiero a ti,
que la luz esté conmigo
porque siempre estás en mí.
Acurrúcame en tu pecho
donde te tengo yo a ti,

que mi corazón se abra
para meterte allí a ti,
que te unas ya conmigo,
que deseo ser feliz.
Cuando te tenga en mis brazos.
Cuando te abraces a mí.

7-10-1994

# LUNA

Luna, tú que estás en las alturas,
en el cosmos infinito,
en el horizonte lejano,
en el amor, los hechizos
en las noches estrelladas,
en todo lo que es bonito.
Cuando veas a mi amado
dale un mensaje de amor
y cúbrele con tus rayos
su cuerpo y su pelo, en flor,
dile cuanto yo le extraño
que me muero sin su voz,
sin el toque de sus manos,
sin sus besos, su calor
con tus rayos como lanzas
llégale hasta el corazón
y dile cuánto le amo
y que sienta mi pasión,
penétrale cada poro
de su cuerpo con mi amor,
y que vuelva enamorado,

radiante y lleno de amor
que me envuelva en un abrazo
que destelle más que el sol,
y que se fundan los polos
al sentir nuestro calor.
Luna, tú que le ves cada noche
dale un mensaje de amor,
dile que mi alma es suya
dile que me muero de amor.

12-9-1995

## SIN PALABRAS

Cuánto me gustaría expresar
con palabras lo que siento,
pero nada es comparable
a este amor que llevo dentro.
Acaso, ¿sería posible
ver una rosa volar?,
o ¿una estrella navegando
sobre las olas del mar?,
pues mi cariño tampoco
tendría comparación,
no encontraría parecido
ni siquiera allá en el sol.
Solo sé que si me miras
con esos ojos tan tiernos
me derrites los sentidos
y mi amor va floreciendo,
como si con tus palabras
fuera creciendo y creciendo.
Y cuando tu mano acercas
a mi mano temblorosa

desata todos mis sueños
y pasiones más hermosas,
y si de pronto una duda
fuera a parar a mi mente,
sólo con una sonrisa
vuelve mi amor
aún más fuerte.
Por eso, cariño mío,
para expresar lo que siento
no me sirven las palabras,
solo abrazarte en silencio
y sentirás sensaciones
que no sé cómo decir
pero que salen de mi alma
y van directas a ti,
y si estando así abrazados
tú sientes lo que te digo
entonces habré encontrado
mi cielo, mi amor, mi amigo.

6-11-1995

# A MI ÁNGEL

Desde una edad muy temprana,
Dios me mandó cultivar
de su jardín a tres rosas
que mimaba sin cesar.
De las tres, la más pequeña,
de belleza sin igual,
la cuidaba con cariño,
para mí era especial.
Era preciosa, tiernita,
era un ángel celestial,
era la rosa más bella
que ojos vieron jamás.
Por ella daría mi vida
sin tenerlo que pensar,
para ella solo vivo
para poderla cuidar.
Aunque siempre sean tres rosas
mi niña será especial.

9-11-1995

# EL ÁRBOL

Es alto como las nubes,
erguido cual caballero,
recio, fuerte, lisonjero;
puede ser amigo tuyo
y cuidarte con esmero,
o puede rugirle al viento
enfadado, traicionero.
En el cambio de estación
siempre llama la atención
con sus tonos en color,
puede ser verde o dorado
o quizás anaranjado,
a veces, blanco y canelo
con la pureza del cielo,
sus pies suelen extenderse
enraizándose en el tiempo.
Algunos viven mil años,
otros cien o cuatrocientos.
A veces, se ven cubiertos
de flores multicolor,

otras veces seco y triste
pero siempre con amor,
protegiendo al que a su sombra
se sienta, cuidándolo;
Es oxígeno y pulmón
del aire que respiramos,
por eso cuidémoslo
pues si algún día nos faltaran
sería nuestra perdición,
No talemos nuestra vida
Planta tu árbol con amor.

11-1995

# SUEÑOS

Déjame soñar contigo
déjame pensar en ti,
no frenes mis sentimientos
que no se alejen de ti,
guárdame siempre contigo,
quiéreme como yo a ti,
quédate siempre a mi lado
sin dudarlo porque sí.

11-1995

# AIRE

Si pudiera como el viento
remover mis tempestades
si pudiera de un gran soplo
elevar mi corazón
si como el viento volara
y transportara mi mente
a un estado permanente
de armonía e ilusión
si como la brisa suave
pudiera volarme yo
llenaría los corazones
con el aire del amor.

14-4-1996

# EL CAMINO

Caminando el camino
de la vida me encontré
conmigo misma de frente
y pensando me quedé
observando poco a poco
mi pelo, gestos, mi piel
todo era diferente
a como me solía ver.
Me notaba muy distinta
hasta guapa me encontré
algo me veía nuevo
y no sabía por qué.
Todo era diferente
me brillaba hasta la piel
mi cara estaba radiante
y mi corazón también.
Todo en mí eran destellos
me reía sin saber
era feliz, me quería
ya podía comprender
me veía como era
veía la luz de mi ser

la que traes cuando naces
y tú…, te quitas después.
Camina, hermano, en la vida
y… Búscate tú también.
Que el que busca
siempre encuentra
sólo debes tener fe.
Camina sin detenerte,
sacudiéndote la piel.
Es sólo un escaparate
no sirve para crecer.
Tu ser, llevas muy adentro
ese…, no se puede ver.
Tienes que descubrirlo
y conectarte con él.
Después él te irá guiando
tu luz brillará también
serás feliz para siempre
y encontrarás a tu ser.
Verás que aquello era inútil
que todo era amor y fe.

1996

## AMOR

En ruinas tengo mi cuerpo,
en ruinas mi corazón,
en ruinas siento mi alma
porque no encuentro tu amor.
Que mal me siento Dios mío,
cuándo acabará el dolor,
cuándo podré ver la ruta
que me lleve al corazón,
y salte por fin la chispa
que me encienda la ilusión.
Cuándo alegraré mi vida,
cuándo llegará el amor,
ese amor que todos guardan
oculto en su corazón
y todos buscan por fuera
como locos sin razón,
con lo fácil que sería
mirar hacia el interior
y conocerse a sí mismos
y conocer su dolor,
pero todos vamos ciegos

por la vida sin pensar
que el amor ya lo tenemos
solo hay que saberlo dar.

20-10-1997

# MADRE II

Solo sentir la palabra
ya me eriza el corazón,
pues la vibración que emana
es de ternura y amor.
Quién habrá sentido nunca
lo que una madre sintió,
al tener un hijo en brazos
y sentir todo su amor.
Un amor que es para siempre,
un amor sin condición,
sin ataduras, ni engaños,
como un sueño, una ilusión.
Una semilla profunda
Que gesta su corazón.

30-10-1997

# MUJER

Te hablo como mujer
como mujer prisionera
de un cuerpo, de una mente
del amor en primavera
las emociones me atrapan
me enfermo con cualquier pena
y… Da igual mías o ajenas.
Qué más da, mi corazón no distingue
quién las lleva.
Él siempre las hace suyas
qué egoísta, quién pudiera
de una patada soltarlas
y cada cual las cogiera.
No quiero llevar más cargas
son las mías y me pesan
me gustaría dar un salto
sacudirme y volar a las estrellas
disfrutando de mi vida,
de la mitad que me queda
Ya va llegando el otoño,
ya no quiero más esperas.

Necesito disfrutarme, sentirme,
revivir, ser verdadera
no vivir de las migajas
que esas ya…, queden afuera.
Necesito ser mujer, pero ser mía.
Realizarme, ser sincera
¡Mi vida es mía…! ¡La quiero!
Ya se hace larga la espera
mi tiempo se va pasando
no me quedan primaveras
quiero vivir hoy, ahora
sin ataduras, sin cadenas,
caminar, reconocerme,
tocar mi piel como seda.
Nunca me había dado cuenta
que pudiera ser tan bella.
Hoy me veo diferente,
¡quiero vivir!
Sin sentirme prisionera.

21-11-1997

# LUZ

La luz guía tu camino
la luz guía tu sendero,
la luz con que tú naciste
y has conservado de lleno.
Esa luz que todos llevan
y que van oscureciendo,
tú la conservas radiante
y radiante es tu sendero,
camina siempre despacio
como tú sabes hacerlo,
y descubrirás mil soles
que dios puso muy adentro.
Si deshojas la gran rosa
que el camino va ofreciendo,
sin miedo, prisa ni pausa
pasito a paso sintiendo
cómo nacen a tu paso:
estrellas, soles, versos...

Siendo consciente, observando
el amor que llevas dentro,
verás tu luz cómo brilla
inundando el universo.

1997

# MÍRAME

Mírame siempre a los ojos,
no me dejes de mirar,
que con mis ojos te diga
lo que mi boca no hará.
Déjame que abra mi alma
para que puedas entrar,
y descubrir mis secretos,
mis deseos, mi soñar.
Mírame siempre a los ojos
que quiero contigo hablar,
y transmitirte en silencio
cuánto te deseo amar,
cuando me mire en tus ojos,
cuando me quieras mirar.

18-1-1998

# SUEÑA

Sueña, sueña, pajarillo
que libre puedes volar,
sueña que surcas los cielos,
que vas por el ancho mar,
de rama en rama saltando
contento tú cantarás,
alegrando mis oídos
con melodías de paz.
Sueña, sueña, pajarillo
que quiero también soñar,
oyendo cómo cantas
lleno de felicidad.

18-1-1998

## SOLEDAD

Qué oscuridad me rodea,
qué penuria, qué dolor,
Qué ahogo tengo en mi pecho.
Cómo duele el corazón,
qué ingratitud la que siento,
qué egoísmo, qué prisión.
Los amores que más quiero,
me hieren sin compasión.
Qué crueldad siento en el alma,
qué inconsciencia, qué pavor,
mis hijos, mi vida entera,
por ellos que vivo yo,
y sin embargo me atacan
y rompen mi corazón.
No comprenden estos años
de trabajo y de dolor,
sin un apoyo a mi lado,
sin hombro donde llorar mi temor,
con muchos miedos y penas,
enfermedades y algún que otro desamor,

pero siempre cerca de ellos,
entregándoles todo mi amor,
pendiente de cada paso
de cada duda o dolor,
y apoyándoles con fuerza
para evitar cualquier pena
como las que pasé yo.
Siempre sin nada en mis manos,
para ellos las vaciaba yo,
sola y perdida en la vida
por darles todo mi amor.
Qué injusta que es esta vida,
qué injusticia el desamor,
mis hijos lo que más quiero
y no siento en mí su amor.

2000

# VOLAR

Me gustaría ser un ave
Y así surcar por los cielos
como surcan los piratas
en el mar buscando sueños
yo buscaría en las alturas
unirme en el universo.
Volando de Norte a Sur
de Este a Oeste mi cuerpo
conocerme es lo más grande
que Dios puso en mi sendero,
si pudiera tener alas
las agitaría al viento
y volaría de mi vida,
las penas y el sufrimiento,
y queda todo enraizado
para siempre, y con amor.
Un amor tan grande y puro
que hasta te acerca a Dios
Y se expande aquí en el pecho
y te funde con su amor.

s.f.

# MADRE III

Del amor entre dos almas
la simiente floreció,
y la siento día a día
germinando en mi interior.
Soy feliz mientras espero
que florezca la gran flor,
la más bella entre las flores
la esperada por amor.
Ya la quiero aún sin verla,
ya siento su vida en mí
siento el amor que me envuelve,
siento su vida fluir.
Es algo tan grande y bello
que no puedo definir
Ni con palabras, ni versos,
solo sintiéndolo en ti
como yo ya la he sentido
como yo ya la viví,
cuando me dijeron madre
cuando el amor nació en mí.

s.f.

## EL NORTE

Qué tristeza siento hoy,
qué pena tan grande tengo,
qué lejos se fue mi hijo
y qué cerca en mi lo tengo.
Un mar inmenso, muy grande
lo ha separado de mí,
y aunque quisiera tocarlo
solo veo agua sin fin.
Cuánta agua, cuánta pena,
cuánta nostalgia sentí.
Cuánto te quiero mi niño,
cuánto ruego yo por ti,
espero que tanta pena
tenga algún día su premio
y vuelvas resplandeciente
como te he visto en mis sueños.
Sé que para ti es tan duro
porque yo ya lo viví,
y te animo con mi fuerza
y te ayudo con mi amor.
Amor de madre, amor puro,
sincero, sin condición

para que superes todo
y sientas menos dolor,
esa es la prueba en la vida
que todos deben pasar
pero una vez superada
el Cielo puedes ganar.
Lucha hijo, se valiente
que a tu lado quiero estar.
Dame la mano en silencio
yo a ti te voy a guiar,
escucha hijo mío, escucha
y a tu lado me tendrás,
piensa en mí solo un poquito
y yo te podré ayudar,
no te desanimes nunca
y siempre tú ganaras.
Ese es el gran secreto
sigue adelante sin más,
lo de atrás ya no te sirve
por lo nuevo lucharás.
Vas a ganar a la vida.
Vas a saber la verdad.
Vas a conocer al padre
y conmigo volverás.

s.f.

# ALMAS

Dos almas así de unidas
no se pueden separar,
un amor así de puro
no se puede terminar.
Si Jesús así lo quiso
así siempre seguirán,
y aunque todo los separa
todo al fin los unirá.
Si en el Cielo los unieron
en la tierra lo estarán,
aunque haya mil tempestades
después todo queda en paz.
La naturaleza se encarga
de ponerlo en su lugar,
por mucho que aquí se esfuercen
en quererlos separar,
escrito está en el Cielo
y escrito aquí siempre esta:
lo que Dios unió allá arriba
unido aquí quedará.

s.f.

# LLAMARADA

La llama que tú encendiste
en mi corazón dormida
nadie conseguirá ya apagarla
siempre vivirá encendida.
Pueden soplar fuertes vientos
que me hagan temblar de frío,
puede que oscile la llama,
puede mojarla un gran río
y siempre brillará constante
porque tu amor es el mío.

s.f.

# EL AMOR

Tengo un amor en el pecho
que quiero arrancármelo,
me hace daño, me ahoga
y me sangra el corazón,
un amor incomprendido,
un amor que no es amor
ahora yo te quiero mucho,
ahora no te quiero yo.
Un amor de margarita
de sí o de no, sí o no,
ese amor yo no lo quiero
ese no tiene valor.
Busco un amor verdadero
el que enciende el corazón
y siempre sigue encendido
mientras haya mucho amor.
Aunque vengan tempestades,
aunque no brillara el sol,
el amor que yo te ofrezco
siempre sería... Puro amor.

s.f.

# MI VIDA

Cómo no voy a quererte
Si solo tú cuidas de mí,
tú me consuelas, me mimas,
me das amor, soy feliz.
Cómo no voy a quererte...
Si vives solo para mí,
tu vida, es solo la mía
nunca te alejes de mí.
Cómo no voy a quererte
si me derrito ante ti,
cuando pones en mis labios
tus labios y me haces sentir.
Cómo no voy a quererte
si tú me haces existir.
Cuando me dices: te quiero...
Solo vivo para ti.

s.f.

# Disparo... Al amor

Disparé mi sueño un día
dirigido hacia el amor
y esperé que lo encontraras
y que entrara en tu corazón,
iba a mimarlo muy fuerte,
iba a sentir mucho amor,
iba a sentir que la vida
se abría como una flor
y embriagaba con su aroma,
con su belleza y color,
con sus raíces profundas
que germinen en tu amor
y rodearán tu cuerpo
como en sueños lo hago yo
y después abrir mis brazos
como pétalos de flor,
en un abrazo sublime
fundir tu amor y mi amor.

s.f.

# CALOR

Ha llegado la edad
de la madurez de mente
de la paz de corazón,
del amor limpio y sereno
como el que siento ahora yo.
Tengo alguien que me adora
igual que le adoro yo,
y estaremos siempre juntos
mientras me brinde su amor.
No sabes cuánto te quiero,
te necesito, mi amor
no me dejes nunca sola,
dame siempre tu calor,
que aunque no te vea siempre
por siempre tenga tu amor.

s.f.

# DESAMOR

Había visto al fin mi estrella
En lo infinito del cielo,
había muchas, pero... Una
destellaba su reflejo,
y al mirarla yo sentí
que inundaba de nuevo,
sensaciones olvidadas
y añoradas con anhelo.
Puse mi amor en la estrella,
intentaba ver sus ojos
pero no quiso mirarme,
por sus caprichos y antojos,
esa estrella irresponsable
me ha causado gran dolor,
pero la culpa fue mía
por entregarle mi amor.
Ahora sufro una gran pena
Y un ahogo aquí en el pecho,
espero que pronto pase.

Aunque llore en el intento
yo lo busqué, soy culpable,
no hay arrepentimiento.
Cada uno al fin y al cabo
busca su justo y gran premio.

s.f.

# OTOÑO

Tristeza siento en mi cuerpo,
tristeza en mi corazón,
tristeza siento al quererte
dormida está mi pasión.
Despiértala tú, amor mío,
alegra mi corazón,
Rodéame con tus brazos
dame un gran beso de amor
que electrifique mi cuerpo,
que tiemble con emoción,
que sepa que tú me quieres
que conecte con tu amor.
Tristeza siento en el alma
porque no siento tu amor.

s.f.

# ÍNDICE